imagina

Juan Felipe Herrera   ilustrado por Lauren Castillo

traducción de Georgina Lázaro

CANDLEWICK PRESS

SI DE NIÑO
recogí flores de manzanilla
en los prados doblados por el viento
y les susurré a sus caritas vellosas . . .

imagina

Si dejé que los renacuajos
nadaran entre mis manos
en el riachuelo ondulado . . .

imagina

Si con un gran salto
subí a la camioneta del *army* de mi papá
y me alejé de nuestro pueblo de campesinos
diciéndoles adiós
a mis amiguitos . . .

imagina

Si dejé que las estrellas

en la noche

pintaran en mi cobija

con su luz lechosa

figuras de pajaritos hambrientos . . .

imagina lo que tú podrías hacer . . .

Si le ayudé a mamá
a alimentar a los pollitos saltarines
en nuestro jardín
y a atrapar el pavo loco
en nuestro pueblito nuevo . . .

imagina

Si caminé al anochecer
a través del bosque
en lo alto de la montaña
con un balde plateado
para ir a buscar agua
en el pueblo vecino . . .

imagina

Si me mudé
a la ciudad serpenteante
de altos edificios flexibles como arcilla
y fui dando saltitos
hasta llegar a una nueva escuela de concreto
que nunca antes había visto . . .

imagina

Si abrí
la puerta de madera
de mi salón de clases
sin saber leer
o hablar inglés . . .

imagina

Si practiqué
la ortografía
de las palabras en inglés
pronunciándolas en español
de esta manera: pen-siiil
por *pencil* . . .

imagina

Si coleccioné
plumas manchadas
y pegajosas porque
me encantaba ver fluir la tinta
como pequeños ríos sobre
papel blandito . . .

imagina

Si atrapé
un puñado de palabras
que jamás había escuchado
y las esparcí sobre un párrafo
para poder escribir
un cuento magnífico . . .

imagina

Choir

tortillas

little chicks

papá Felipe

Mamá Lucha

pollos

beans

frying pan

school

guitar

songs

Si estuve de pie
en una escuela
lejos de donde vivía
y canté
por primera vez
frente a la clase . . .

imagina

Si al salir de la escuela
comencé a escribir
un poema
en un delgado cuaderno de papel
mientras caminaba por la ancha vereda
y luego lo terminé
cuando llegué a casa . . .

imagina

Si tomé mi guitarra
del color de la miel
y recité mi poema
todos los días
hasta que se convirtió
en una canción . . .

imagina

Si junté
con mis dos manos
muchas palabras y canciones
y las dejé volar
sobre mi mesa
convirtiéndolas
en un libro de poesías . . .

imagina

luna

Río

chamomile

radio

la tarde

Si estuve de pie
vestido de toga
delante de mi familia y de muchos más
en las escalinatas de la Biblioteca del Congreso
en Washington, D.C.
y leí en voz alta y firmé mi libro de poesía
así:
Poeta Laureado de los Estados Unidos de América . . .

Imagina lo que tú podrías hacer.

Para mi hermana, Sarita Chavez,
mis padres campesinos, Lucha y Felipe Herrera, que en paz descansen,
y mi maestra de tercer año, Ms. Lelya Sampson.
J. F. H.

Para Alana
y para todos los soñadores.
L. C.